COMPRENDRE
LA LITTÉRATURE

MOLIÈRE

Les Précieuses ridicules

Étude de l'œuvre

© Comprendre la littérature.

1 rue Honoré - 93500 Pantin.

ISBN 978-2-7593-1238-2

Dépôt légal : Juillet 2021

Impression Books on Demand GmbH

In de Tarpen 42

22848 Norderstedt, Allemagne

SOMMAIRE

BIOGRAPHIE DE MOLIÈRE

Jean-Baptiste Poquelin naît à Paris en 1622. Il est le fils d'un respectable marchand et « tapissier ordinaire de la maison du roi », ce qui est une charge prestigieuse. Étant l'aîné de la famille, Jean-Baptiste est appelé à succéder à son père et jouit donc de la promesse d'un avenir confortable.

Il reçoit une bonne éducation au collège de Clermont (aujourd'hui lycée Louis-le-Grand) tenu par les jésuites. En 1637, il obtient la charge de tapissier et de valet de chambre du roi.

L'année 1643 marque une rupture considérable dans sa vie et remet en cause l'avenir prestigieux que lui promettaient ses charges. Influencé par ses lectures et ses rencontres avec des auteurs ainsi que par le monde du théâtre qu'il découvre à Paris, Jean-Baptiste décide de couper court à sa carrière de tapissier. Créant un scandale par cette déchéance sociale, il renonce à ses charges royales qui reviennent alors à son frère cadet.

Jean-Baptiste Poquelin rejoint la même année les Béjart, des comédiens avec lesquels il crée l'Illustre Théâtre, une troupe qu'il dirige. Il prend alors le pseudonyme de Molière.

La gestion de la troupe est difficile. Il faut trouver des mécènes, des salles. Les problèmes financiers sont tels que Molière est emprisonné deux fois pour cause de dettes. Ces difficultés poussent donc la troupe à quitter Paris et à sillonner les routes de France. C'est ce qu'elle fera jusqu'en 1658. L'Illustre Théâtre joue des tragédies aussi bien que des farces, des textes d'auteurs célèbres comme des créations originales de Molière.

Durant cette période, la troupe a différents mécènes comme le duc d'Épernon ou le prince de Conti, ancien réformé qui retire finalement sa protection à l'Illustre Théâtre après sa conversion, jugeant l'œuvre de Molière scandaleuse. Molière est à la fois directeur de troupe, auteur et comédien. Grâce à son éducation, il se démarque des autres comédiens et peut converser avec les seigneurs. Il a aussi l'œil pour repérer les talents dramatiques et étoffe sa troupe de plusieurs comédiens très doués.

La troupe revient à Paris en 1658. C'est un véritable défi puisque la scène parisienne est dominée par les « grands comédiens » de l'Hôtel de Bourgogne et ceux du Marais. Protégé par Gaston d'Orléans, Molière rebaptise sa troupe « La Troupe de Monsieur » et obtient la salle du Petit-Bourbon en alternance avec les Italiens qui jouent des pièces du genre de la *commedia dell'arte*. Molière fait alors à Paris un retour triomphal. Avec *Les Précieuses ridicules* puis *Les Fâcheux*, qui créent un nouveau genre théâtral incluant de la musique et qu'il dédie au roi, il rencontre un succès remarquable et s'attire les faveurs de Louis XIV. Certes, il est toute sa vie victime des troupes rivales qui déclenchent contre lui critiques et cabales, mais le roi, qui fait jouer la troupe de Molière plusieurs fois devant lui, en fait un membre attitré des divertissements royaux.

Malgré le soutien du roi, qui devient même le parrain de son fils et fait renommer sa troupe « Troupe du Roi », Molière est incessamment victime de cabales contre ses pièces et d'attaques acerbes. Il souffre également de la mort de son fils, des tromperies de sa femme Armande Béjart et d'une maladie. On questionne sa moralité et Molière entre également dans des démêlés avec l'Église. *Le Tartuffe* et *Dom Juan*, par exemple, provoquent de véritables scandales. Vers la fin de sa vie, Molière écrit donc moins de pièces satiriques et produit surtout des comédies-ballets et des comédies.

En 1672, c'est à Lully que le roi confie la direction des

représentations avec chant et musique, ce que Molière ressent comme une disgrâce. Il y répond en 1673 par la création du *Malade imaginaire* où se mêlent des chants et des danses. C'est un très grand succès et Molière, malade, veut néanmoins continuer à jouer. Il est pris de convulsions sur scène pendant la quatrième représentation de la pièce, le 17 février, et meurt d'une hémorragie interne.

Parce que Molière est comédien, les prêtres refusent de lui donner l'extrême-onction : il ne peut donc pas être inhumé religieusement. Sa veuve supplie le roi qui parvient à obtenir que Molière reçoive des funérailles chrétiennes, mais de nuit et dans la plus grande discrétion.

En 1676, le roi fait fusionner la Troupe du Roi et la Troupe de l'Hôtel de Bourgogne : c'est la naissance de la Comédie-Française.

PRÉSENTATION
DE LA PIÈCE

Les Précieuses ridicules sont jouées pour la première fois en deuxième partie après *Cinna* de Corneille le 18 novembre 1659 dans la salle du Petit-Bourbon. Elle rencontre un très grand succès. Molière n'est arrivé à Paris que l'année précédente et cette pièce, qui n'est pas encore formellement très aboutie, est son premier succès.

On y retrouve les caractéristiques sur lesquelles Molière fonde sa comédie. La pièce contient en effet déjà sa verve, souvent satirique. Le dramaturge emprunte lui-même à la tradition de la *commedia dell'arte* et à la vieille farce française ou latine, mais en étoffant la peinture psychologique des personnages et les ressorts dramatiques, et en manifestant une grande maîtrise du rythme et de la parole. En effet, la pièce, qui ne comporte qu'un acte mais 17 scènes, repose sur une organisation très dynamique et surprenante, et un usage bien particulier des codes du langage. C'est par ce truchement que, dans la pièce, les serviteurs confondent les précieuses et se font passer pour ce qu'ils ne sont pas, uniquement en châtiant leur langage à l'excès.

La pièce traite de deux précieuses, Cathos et Magdelon, « ridicules » parce qu'elles considèrent leurs propres mérites supérieurs à ce qu'ils sont réellement et parce qu'elles se plaisent à croire qu'elles sont autres que ce qu'elles sont véritablement. Elles jouent elles-mêmes des personnages, mais l'erreur qui les rend dignes de moquerie est de se prendre à leur propre jeu. En effet, le manque de discernement qu'elles manifestent à leur encontre se répercute sur la façon dont elles perçoivent les autres. Elles se laissent ainsi prendre au jeu des valets. On peut donc même voir ici une dimension métathéâtrale (c'est-à-dire où le théâtre réfléchit lui-même sur sa condition de théâtre) de la pièce qui s'interroge sur l'habilité à faire preuve de discernement et valorise la simplicité d'une attitude en accord avec ce que chacun est réellement.

RÉSUMÉ DE LA PIÈCE

Scène 1

La Grange, Du Croisy

La Grange et Du Croisy ont été reçus avec froideur par Magdelon et Cathos, auxquelles ils étaient venus parler mariage. La Grange décide d'utiliser son valet Mascarille, qui se donne des airs de grand seigneur, pour leur jouer un tour.

Scène 2

Gorgibus, Du Croisy, Lagrange

Gorgibus demande aux jeunes hommes si leur entrevue avec sa fille et sa nièce s'est bien passée. À leur attitude, il sent que les deux hommes sont mécontents et décide de se rendre compte par lui-même de ce qui a pu leur déplaire.

Scène 3

Marotte, Gorgibus

Gorgibus donne l'ordre à la servante Marotte de faire venir ses maîtresses, qui sont une fois de plus occupées à composer des produits de beauté.

Scène 4

Gorgibus, Magdelon, Cathos

Magdelon et Cathos expliquent à Gorgibus, en termes précieux, que c'est par manque de galanterie que leurs prétendants n'ont pas trouvé grâce à leurs yeux. Gorgibus trouve leurs exigences ridicules et les prévient qu'il veut les voir mariées au plus tôt.

Scène 5

Cathos, Magdelon

Magdelon et Cathos sont atterrées par le matérialisme de Gorgibus qui leur semble grossier.

Scène 6

Marotte, Cathos, Magdelon

Marotte annonce l'arrivée d'un marquis. Magdelon lui enjoint d'aller chercher des sièges, dans un langage précieux que Marotte peine à comprendre, ce qui lui attire les réprimandes de sa maîtresse.

Scène 7

Mascarille, Deux porteurs

Mascarille, habillé en grand seigneur, arrive en chaise à porteurs. Alléguant sa qualité, il refuse de payer les porteurs, mais ceux-ci ne sont pas dupes et menacent de le battre. Mascarille finit par obtempérer.

Scène 8

Marotte, Mascarille

Marotte annonce ses maîtresses à Mascarille.

Scène 9

Mascarille, Cathos, Magdelon, Almanzor

Mascarille éblouit les deux précieuses en faisant étalage de ses « talents littéraires » et de son élégance. Il leur promet de les introduire dans le monde des salons. Les deux jeunes provinciales font de leur mieux pour avoir l'air de grandes dames à la mode.

Scène 10

Marotte, Magdelon, Mascarille, Cathos

On annonce le Vicomte de Jodelet, meilleur ami de Mascarille.

Scène 11

Mascarille, Jodelet, Cathos, Magdelon, Marotte, Almanzor

Jodelet et Mascarille font étalage de leur esprit et de leur bravoure militaire, allant jusqu'à se déshabiller pour exhiber les cicatrices de leurs blessures reçues au combat. Mascarille décide de faire venir des violons pour offrir un bal aux deux jeunes filles.

Scène 12

Jodelet, Mascarille, Cathos, Magdelon, Marotte, Lucile, Célimène, Almanzor, Violons

Lucile et Célimène, amies de Cathos et Magdelon, se

joignent aux jeunes gens. Mascarille puis Jodelet dansent non sans se plaindre de la simplicité de ces « violons de village ».

Scène 13

Du Croisy, La Grange, Mascarille, Jodelet, Cathos, Magdelon, Lucile, Célimène, Marotte, Violons

La Grange et Du Croisy surviennent au milieu du bal et battent Mascarille et Jodelet, mais repartent aussitôt.

Scène 14

Mascarille, Jodelet, Cathos, Magdelon, Lucile, Célimène, Marotte, Violons

Magdelon et Cathos s'étonnent que Mascarille et Jodelet acceptent de se laisser battre.

Scène 15

Du Croisy, La Grange, Mascarille, Jodelet, Cathos, Magdelon, Lucile, Célimène, Marotte, Violons, Spadassins

La Grange et Jodelet reviennent accompagnés de spadassins, démasquent leurs laquais et les obligent à retirer leurs vêtements, empruntés à leurs maîtres.

Scène 16

Gorgibus, Magdelon, Cathos, Mascarille, Jodelet, Violons

Gorgibus doit supporter l'affront de voir sa fille et sa nièce ridiculisées. Mascarille et Jodelet dépouillés de leurs atours sont congédiés.

Scène 17

Gorgibus, Magdelon, Cathos, Violons

Gorgibus bat les violons, qui lui demandaient de les payer, renvoie les jeunes filles et maudit les amusements de l'esprit.

LES RAISONS
DU SUCCÈS

Les Précieuses ridicules marquent le grand retour sur la scène parisienne de Molière et ouvrent la période où il connaîtra sa gloire la plus manifeste. Le 18 novembre 1659, la pièce est jouée en deuxième partie après Cinna de Corneille. L'amitié entre Molière et Corneille les conduira même à rédiger ensemble certaines pièces. *Les Précieuses ridicules* sont jouées au Petit-Bourbon, théâtre où se produisait la troupe de Molière en rivalité avec les comédiens de l'Hôtel de Bourgogne, jouant plutôt des tragédies et des pièces considérées comme plus sérieuses. En choisissant avec cette pièce de revenir à la farce, Molière réussit à la fois à conquérir le public et à amorcer le retour d'un genre un peu délaissé sur la scène française.

Il y emploie tous les ressorts traditionnels de la farce. Ainsi, on retrouve les « types » fixés par la *commedia dell'arte*, comme le valet rusé, le petit-bourgeois perspicace mais manquant d'éloquence, les précieuses, mais aussi les jeux de mots et la gestuelle ostensiblement comiques. La pièce montre des coups de bâton et, plus généralement, une gestuelle exacerbée. Par exemple, la scène où Mascarille et Jodelet exhibent leurs « blessures de guerre » aux précieuses est très amusante, d'autant plus parce que Magdelon a commencé par déclarer qu'elle ne pouvait souffrir la pensée d'un « homme vraiment nu ». De plus, l'équivoque sexuelle que les deux jeunes filles ne mesurent pas est manifeste pour les spectateurs qui s'en amusent.

Mais ce n'est pas seulement cette verve comique et l'hilarité que certaines scènes visent à produire, et qui n'a pas manqué de se répandre parmi les spectateurs, qui expliquent le succès de la pièce. C'est également sa dimension satirique, mais exprimée avec légèreté, qui plaît. En effet, Molière s'attaque, avec humour et un excès si ostentatoire qu'il s'excuse lui-même, à une mode de son temps : il stigmatise les précieuses, et, à la manière en quelque sorte d'une « comédie de mœurs », il donne à voir au peuple comme aux bourgeois la déviance possible d'une certaine attitude.

Si l'œuvre a connu une telle postérité et se joue encore fréquemment, c'est parce qu'en plus de l'humour qu'elle exprime, la critique sociale qu'elle destinait aux précieuses du XVIIᵉ siècle trouve encore son écho. On peut y voir aujourd'hui une image ridicule de tous ceux qui jouent à prétendre et endossent une apparence qui ne reflète pas ce qu'ils sont. Ce caractère affecté que l'on retrouve par exemple dans la figure du snob, toujours d'actualité, peut donc être lui aussi stigmatisé, tourné en ridicule et donc offert à la réflexion par la pièce de Molière. Elle est l'occasion pour ceux qui endossent une telle attitude d'être humiliés et de réfléchir à leur conduite, et pour les autres de s'en divertir.

LES THÈMES
PRINCIPAUX

Il n'est pas rare que Molière prenne pour sujet de ses pièces des intrigues amoureuses. Ce n'est pas vraiment le cas ici, puisqu'il n'y a pas de personnage amoureux. Néanmoins, Gorgibus veut marier sa fille et sa nièce et l'intrigue représentée dans *Les Précieuses ridicules* découle du refus des jeunes filles d'obéir à cette volonté et à la vengeance des prétendants vexés. Ainsi, deux conceptions de l'amour et du mariage s'opposent, chacune pouvant être critiquée et tournée en ridicule.

D'un côté est représenté le mariage d'intérêt qui avait largement cours dans le monde bourgeois à l'époque de Molière. Gorgibus incarne le père de famille bourgeois type, plein de bon sens mais peu raffiné. Pour convaincre les jeunes filles d'épouser La Grange et Du Croisy, il met en avant leurs mérites financiers, leurs possessions (sc.4). Il s'insurge du fait qu'elles s'opposent à sa volonté et ne comprend pas pourquoi elles ne se comportent pas courtoisement avec les hommes qu'il leur a choisis. Il va même jusqu'à les menacer de les mettre au couvent si elles refusent d'obtempérer. C'était là la condition normale de jeunes filles impossibles à marier, déshonorées ou qui ne voulaient pas suivre la volonté parentale. Dans la conception de Gorgibus, qui pense de manière pragmatique, un bon mariage est une union avantageuse pour les deux partis. Il n'entend rien aux subtilités et aux détours de l'amour. Le mariage est vu comme « une chose sainte et sacrée » et les rapports sentimentaux n'ayant pas d'autre but pour lui doivent prendre l'union religieuse comme point de départ.

Les précieuses, au contraire, ont de l'amour une vision plus galante. Il ne faut pas penser que tout le courant précieux se caractérise par le ridicule et l'excès que Molière met en scène. D'une certaine manière, la préciosité est un courant féministe qui, cessant de faire de la femme un objet d'échange et du mariage une transaction, donne à l'union une véritable place dans les rapports sentimentaux. Par exemple, beaucoup de femmes écrivent au même titre que les hommes dans le courant précieux. Celles-ci peuvent décider du prétendant qu'elles veulent épouser et souhaitent être libres de mener leurs intrigues sentimentales au rythme qui leur convient. On retrouve d'une certaine manière cet aspect d'émancipation dans la pièce de Molière, et notamment dans la manière qu'a Magdelon de questionner l'autorité paternelle. Néanmoins, les jeunes filles ne sont pas véritablement indépendantes car elles ont trop bien appris la « littérature » précieuse et se font de l'amour et de la séduction une idée totalement préconçue qui les aliène aussi sûrement qu'un mariage d'intérêt. Ainsi, l'amour est un jeu de détours et de complexifications pour les jeunes filles. Elles en parlent de façon alambiquée et sont sensibles à la conversation excessivement compliquée de Mascarille qui prétend écrire « toute l'histoire romaine » en madrigaux. Les jeunes femmes font elles-mêmes référence à la littérature précieuse et qualifient Jodelet et Mascarille par des noms de héros des romans précieux. La langue que le valet utilise pour les séduire est aussi excessivement complexe que peu sincère.

L'artifice et le ridicule

C'est d'ailleurs dans le langage que repose la première représentation du ridicule. Ce qui est ridicule, c'est l'attitude affectée des précieuses et des valets, et donc l'apparence. Parce qu'ils essaient de faire croire à quelque chose qu'ils ne sont pas, ils affichent avec excès des poses et des attitudes. Au niveau du langage, cela se retrouve dans les nombreuses périphrases utilisées pour désigner des objets qui pourraient être très simplement identifiés, comme le miroir que Magdelon réclame à Marotte et qu'elle appelle « le conseiller des grâces » (sc.6). Il y a ainsi un véritable décalage de langue et de compréhension entre ce que les précieuses nomment « le beau langage » et l'expression courante des autres personnages. Quand elles parlent avec leur père ou leurs serviteurs, les précieuses sont donc parfois amenées à « traduire » leurs propos (cela est très frappant dans cette scène 6). Molière effectue un véritable jeu sur le langage qui déploie à lui seul le ridicule de l'artifice et qui atteint son apogée dans « l'impromptu » de Mascarille (sc.9). Cet impromptu est déjà ridicule en ce qu'il n'a rien de spontané et est donc paradoxal à son nom. Sa forme même fait rire, notamment avec la répétition finale peu inspirée de « au voleur ». Mais le comble du ridicule est atteint dans les commentaires élogieux qu'en font les précieuses et l'explication totalement non nécessaire qu'en donne son auteur : Mascarille ne fait que répéter les vers avec emphase et les paraphraser pour en expliquer un sens qui n'avait rien d'obscur ni de subtil.

Le deuxième aspect de cet artifice ridicule est visuel. On le retrouve notamment par le biais des costumes et de l'apparence des personnages. Ainsi, Mascarille, par exemple, qui porte le signe de l'artifice dans son nom même puisque celui-ci désigne un petit masque, est attifé d'un attirail ridicule. Cette pompe vestimentaire excessive et en parfaite contradiction avec sa condition prouve bien que « l'habit ne fait pas le moine ». Il est couvert de plumes, de rubans et d'autres attifements qui font croire aux jeunes filles qu'il appartient à la noblesse. Mascarille pousse d'ailleurs les jeunes femmes à s'extasier sur ses vêtements et ses accessoires qu'il prétend de la meilleure confection. Ainsi, le texte développe également un large lexique vestimentaire qui, dans son excès et ses énumérations ampoulées, fait ressortir le ridicule de ce que les personnages portent déjà. Ces figures créent une redondance entre ce qui est dit par les personnages et ce qui est observé sur scène. Pour comble de ridicule, Jodelet et Mascarille seront finalement dépouillés de leurs artifices vestimentaires. Parce que les valets apparaissent alors quasiment nus devant les précieuses, leur identité sera elle aussi dépouillée de toutes ses prétentions.

ÉTUDE DU
MOUVEMENT
LITTÉRAIRE

Molière écrit au XVIIᵉ siècle, à une époque où le théâtre français est très en vogue à la ville comme à la cour du roi. Le modèle prédominant est celui du classicisme. C'est par exemple à ce mouvement qu'appartiennent les pièces de Corneille ou de Racine. Son esthétique est marquée par des règles strictes au nombre desquelles on compte la règle des trois unités (l'action doit être unique, se passer dans un seul endroit et en moins de 48 heures), la règle de la bienséance et de la vraisemblance. Clairement, ce n'est pas ce modèle que suit Molière et encore moins en ce qui concerne ses farces. La farce n'est pas un mouvement littéraire. Elle est néanmoins un genre régi par certains codes que Molière reprend dans sa pièce.

La farce est un genre populaire comique qui repose sur des ressorts, parfois jugés assez grossiers, dont le but est de déclencher le rire des spectateurs. Elle trouve son origine dans le théâtre du Moyen Âge et de la Renaissance et n'est plus véritablement en vogue au XVIIᵉ siècle. Molière, pourtant, la remet au goût du jour et c'est avec elle qu'il fait ses premiers pas dans le théâtre. Durant la période de sa vie où il fait partie d'une troupe itinérante, c'est surtout des farces qu'il donne à voir au public.

La farce implique diverses caractéristiques :

- Des personnages « types »

Molière emprunte à la *commedia dell'arte* italienne (un type de spectacle comique mouvementé, vif et léger) ses « types ». Il s'agit de personnages aux caractéristiques psychologiques et physiques définis qui peuvent être mis en scène dans n'importe quel spectacle comique. Ainsi, par exemple, le personnage du valet comique et intrigant se retrouve dans plusieurs pièces de Molière comme *Le Médecin malgré lui*, *Les Fourberies de Scapin* ou encore *Dom Juan*. De même, le vieillard ridicule, vieux barbon qui rêve d'épouser une jeune fille, est mis en scène aussi bien dans *L'Avare* que dans *L'École des femmes*.

- Le comique de mots et le comique de gestes

La farce repose sur deux types de comiques.

Le comique de mots concerne les injures, les jeux de mots grossiers, les équivoques sexuelles ou les vices de langage. Au lieu d'être déclamé comme il pouvait l'être dans les tragédies classiques, le texte est donné avec force gestes, éclats de voix et beaucoup de dynamisme.

Le comique de gestes repose quant à lui sur un jeu corporel très important et qui n'est pas du tout exploité dans le théâtre classique. Le comique est produit par des effets très visuels : coups de bâton, pirouettes, balancements, etc.

- Une intrigue simple et à rebond : le jeu du renversement

L'intrigue est quant à elle très simple. Elle repose en général sur un même schéma. Souvent, elle se tisse autour du motif du renversement, c'est-à-dire qu'elle joue à mettre tout sens dessus dessous : faire passer les serviteurs pour des maîtres, échanger les membres d'un couple, etc. Cette esthétique du renversement est typique des spectacles populaires et s'appelle « carnavalesque », parce que, comme un jour de Carnaval où les ordres hiérarchiques s'inversent, les règles habituelles semblent soudain s'appliquer à l'inverse de ce qu'elles devraient être.

DANS LA MÊME COLLECTION
(par ordre alphabétique)

- **Anonyme**, *La Farce de Maître Pathelin*
- **Anouilh**, *Antigone*
- **Aragon**, *Aurélien*
- **Aragon**, *Le Paysan de Paris*
- **Austen**, *Raison et Sentiments*
- **Balzac**, *Illusions perdues*
- **Balzac**, *La Femme de trente ans*
- **Balzac**, *Le Colonel Chabert*
- **Balzac**, *Le Lys dans la vallée*
- **Balzac**, *Le Père Goriot*
- **Barbey d'Aurevilly**, *L'Ensorcelée*
- **Barbey d'Aurevilly**, *Les Diaboliques*
- **Bataille**, *Ma mère*
- **Baudelaire**, *Les Fleurs du Mal*
- **Baudelaire**, *Petits poèmes en prose*
- **Beaumarchais**, *Le Barbier de Séville*
- **Beaumarchais**, *Le Mariage de Figaro*
- **Beauvoir**, *Mémoires d'une jeune fille rangée*
- **Beckett**, *En attendant Godot*
- **Beckett**, *Fin de partie*
- **Brecht**, *La Noce*
- **Brecht**, *La Résistible ascension d'Arturo Ui*
- **Brecht**, *Mère Courage et ses enfants*
- **Breton**, *Nadja*
- **Brontë**, *Jane Eyre*
- **Camus**, *L'Étranger*
- **Carroll**, *Alice au pays des merveilles*
- **Céline**, *Mort à crédit*

- **Céline**, *Voyage au bout de la nuit*
- **Chateaubriand**, *Atala*
- **Chateaubriand**, *René*
- **Chrétien de Troyes**, *Perceval ou le conte du Graal*
- **Chrétien de Troyes**, *Yvain ou le Chevalier au lion*
- **Cocteau**, *La Machine infernale*
- **Cocteau**, *Les Enfants terribles*
- **Colette**, *Le Blé en herbe*
- **Corneille**, *Le Cid*
- **Crébillon fils**, *Les Égarements du cœur et de l'esprit*
- **Defoe**, *Robinson Crusoé*
- **Dickens**, *Oliver Twist*
- **Du Bellay**, *Les Regrets*
- **Dumas**, *Henri III et sa cour*
- **Duras**, *L'Amant*
- **Duras**, *La Pluie d'été*
- **Duras**, *Un barrage contre le Pacifique*
- **Flaubert**, *Bouvard et Pécuchet*
- **Flaubert**, *L'Éducation sentimentale*
- **Flaubert**, *Madame Bovary*
- **Flaubert**, *Salammbô*
- **Gary**, *La Vie devant soi*
- **Giraudoux**, *Électre*
- **Gogol**, *Le Mariage*
- **Homère**, *L'Odyssée*
- **Hugo**, *Hernani*
- **Hugo**, *Les Misérables*
- **Hugo**, *Notre-Dame de Paris*
- **Huxley**, *Le Meilleur des mondes*
- **Jaccottet**, *À la lumière d'hiver*
- **James**, *Une vie à Londres*
- **Jarry**, *Ubu roi*
- **Kafka**, *La Métamorphose*

- **Kerouac**, *Sur la route*
- **Kessel**, *Le Lion*
- **La Fayette**, *La Princesse de Clèves*
- **Le Clézio**, *Mondo et autres histoires*
- **Levi**, *Si c'est un homme*
- **London**, *Croc-Blanc*
- **London**, *L'Appel de la forêt*
- **Maupassant**, *Boule de suif*
- **Maupassant**, *Le Horla*
- **Maupassant**, *Une vie*
- **Molière**, *Amphitryon*
- **Molière**, *Dom Juan*
- **Molière**, *L'Avare*
- **Molière**, *Le Malade imaginaire*
- **Molière**, *Le Tartuffe*
- **Molière**, *Les Fourberies de Scapin*
- **Musset**, *Les Caprices de Marianne*
- **Musset**, *Lorenzaccio*
- **Musset**, *On ne badine pas avec l'amour*
- **Perec**, *La Disparition*
- **Perec**, *Les Choses*
- **Perrault**, *Contes*
- **Prévert**, *Paroles*
- **Prévost**, *Manon Lescaut*
- **Proust**, *À l'ombre des jeunes filles en fleurs*
- **Proust**, *Albertine disparue*
- **Proust**, *Du côté de chez Swann*
- **Proust**, *Le Côté de Guermantes*
- **Proust**, *Le Temps retrouvé*
- **Proust**, *Sodome et Gomorrhe*
- **Proust**, *Un amour de Swann*
- **Queneau**, *Exercices de style*
- **Quignard**, *Tous les matins du monde*

- **Rabelais**, *Gargantua*
- **Rabelais**, *Pantagruel*
- **Racine**, *Andromaque*
- **Racine**, *Bérénice*
- **Racine**, *Britannicus*
- **Racine**, *Phèdre*
- **Renard**, *Poil de carotte*
- **Rimbaud**, *Une saison en enfer*
- **Sagan**, *Bonjour tristesse*
- **Saint-Exupéry**, *Le Petit Prince*
- **Sarraute**, *Enfance*
- **Sarraute**, *Tropismes*
- **Sartre**, *Huis clos*
- **Sartre**, *La Nausée*
- **Senghor**, *La Belle histoire de Leuk-le-lièvre*
- **Shakespeare**, *Roméo et Juliette*
- **Steinbeck**, *Les Raisins de la colère*
- **Stendhal**, *La Chartreuse de Parme*
- **Stendhal**, *Le Rouge et le Noir*
- **Verlaine**, *Romances sans paroles*
- **Verne**, *Une ville flottante*
- **Verne**, *Voyage au centre de la Terre*
- **Vian**, *J'irai cracher sur vos tombes*
- **Vian**, *L'Arrache-cœur*
- **Vian**, *L'Écume des jours*
- **Voltaire**, *Candide*
- **Voltaire**, *Micromégas*
- **Zola**, *Au Bonheur des Dames*
- **Zola**, *Germinal*
- **Zola**, *L'Argent*
- **Zola**, *L'Assommoir*
- **Zola**, *La Bête humaine*

Lightning Source UK Ltd.
Milton Keynes UK
UKHW011145300821
389711UK00003B/418